ニードルフェルトで作る

不思議などうぶつ

須佐沙知子

CONTENTS

全身 INDEX ……………………………………………… 3

ハシビロコウ …………………………………………… 6
アルパカ ………………………………………………… 8
ハリネズミ ……………………………………………… 9
パンダ …………………………………………………… 10
カワウソ ………………………………………………… 12
カモノハシ ……………………………………………… 13
アリクイ ………………………………………………… 14
クアッカワラビー ……………………………………… 15
カピバラ ………………………………………………… 16
フラミンゴ ……………………………………………… 18
シマウマ ………………………………………………… 19
ナマケモノ ……………………………………………… 20
エゾモモンガ …………………………………………… 22
メンフクロウ …………………………………………… 23
レッサーパンダ ………………………………………… 24
カメレオン ……………………………………………… 25
ワオキツネザル ………………………………………… 26
オオハシ ………………………………………………… 27
メンダコ ………………………………………………… 28
クリオネ ………………………………………………… 29
ウミウシ ………………………………………………… 30

How to Needle Felting
ニードルフェルトの基礎 ………………………… 31

ニードルフェルトで使う道具 ………………………… 32
ニードルフェルトで使う材料 ………………………… 33
パンダ（座り）を作ってみよう ……………………… 34
縞模様のしっぽの作り方 ……………………………… 37
鳥の足の作り方 ………………………………………… 38
テクノロートを使った胴体の作り方 ………………… 39
フェルティングヤーンループの使い方 ……………… 40

掲載作品の作り方 ………………………………… 41

全身INDEX

※全長はニードルフェルト作品のできあがりサイズです。

ハシビロコウ ▶P.6
全長約15.5cm

アルパカ ▶P.8
全長約11cm

ハリネズミ ▶P.9
全長約7cm（立ち）／5.5cm（あお向け）

パンダ（座り） ▶P.10
全長約8cm

パンダ（歩き） ▶P.10
全長約8cm

パンダ（ひょっこり） ▶P.10
全長約10cm

カワウソ ▶ P.12
全長約 12cm

カモノハシ ▶ P.13
全長約 11.5cm

アリクイ ▶ P.14
全長約 15cm

クアッカワラビー ▶ P.15
全長約 10cm

カピバラ ▶ P.16
全長約 9cm

フラミンゴ ▶ P.18
全長約 16cm

シマウマ ▶ P.19
全長約 10.5cm

ナマケモノ ▶ P.20
全長約 11cm

エゾモモンガ ▶ P.22
全長約 13cm

メンフクロウ ▶ P.23
全長約 10cm

レッサーパンダ ▶ P.24
全長約 13cm

カメレオン ▶ P.25
全長約 8 cm

ワオキツネザル ▶ P.26
全長約 11cm

オオハシ ▶ P.27
全長約 12cm

メンダコ ▶ P.28
全長約 3.5cm

クリオネ ▶ P.29
全長約 5.5cm

ウミウシ ▶ P.30
全長約 4.5cm

ハシビロコウ Balaeniceps rex

How to make ▶ 41 ページ

DATA
- 体　長：1.4 m程度
- 生息地：アフリカ

大きなくちばしが名前の由来。少し怖い顔をしているけれど、おじぎをしたりとても人懐っこいことで人気があります。"動かない鳥"としても有名ですが、これは獲物が現れるのを待っている仕草。

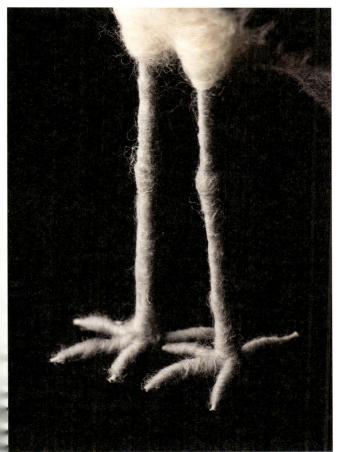

羽のもようが複雑に見えますが、一つの模様を繰り返し刺しているだけ。難しく考えることはありません。ただ、たくさん模様を入れるので、焦らず楽しみながら刺していきましょう。

アルパカ Alpaca

How to make ▶ 44 ページ

DATA
- 体　長：1.5〜2ｍ程度
- 生息地：南アメリカ大陸など

モコモコした毛で覆われているのが特徴のラクダの仲間。一夫多妻で、1匹の雄に対して5〜10匹の雌が群れます。性格は、見た目の通り温厚ですが、一度怒ると胃の内容物を吐きかけることも……。

立ち　あお向け

ハリネズミ　Hedgehog

How to make ▶ 46 ページ

DATA
- 体　長：18〜22cm 程度
- 生息地：アフリカ大陸など

ハリネズミの背中の針はなんと5000本以上もあるとされています。警戒しているときは、背中を丸めて全身の針を立てます。初めて嗅ぐ匂いがあると口に含んでから背中の針に塗る習性があります。

9

パンダ Panda

How to make ▶ 34 ページ（座り）
　　　　　　　48 ページ（ひょっこり・歩き）

DATA
- 体　長：1.2〜1.5m程度
- 生息地：中国など

白黒のツートンカラーとその仕草のかわいさから人気のパンダ。この白黒は、暮らしている場所が雪深い高山の森林なので、雪景色に溶け込みやすく外敵から身を隠せるからと考えられています。

左／歩き、中／ひょっこり、右／座り

パンダは、白い体に黒い部分の毛が混じりやすいのですが、アクレーヌを使うことで軽減されます。少しずつアクレーヌを足していき、体のラインを作っていきましょう。

カワウソ（コツメ）Otter

How to make ▶ 50 ページ

DATA
- 体　長：〜70cm 程度（尻尾を除く）
- 生息地：アジア中北部、ヨーロッパ、北アフリカなど

とても頭の良いどうぶつで、岩などを滑り台に見立てて遊んでいる姿も目撃されています。体中が細い毛で覆われていて、体が冷たくならないようになっています。なんとその数 100 万本だとか！

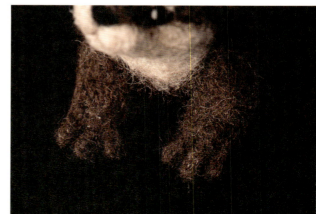

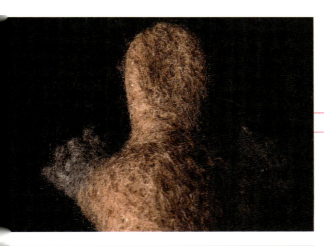

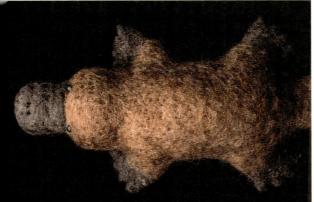

カモノハシ Platypus

How to make ▶ 52 ページ

DATA
- 体　長：30〜45cm 程度
- 生息地：オーストラリアなど

哺乳類に分類されているのに卵を産んだり、くちばしがあったり…。このくちばしはゴムのように柔らかく、また、たくさんのセンサーが付いていて、外敵から身を守っているといわれています。

アリクイ Anteater

How to make ▶ 54ページ

DATA
- 体　長：1〜1.3m程度
- 生息地：中南米の森林や草原など

特徴的な長い口の中には、細かいトゲのついた60cm近くある舌と粘着性のある唾液を持っています。この舌と唾液でもって、下アゴの骨を開いたり、閉じたりしながらシロアリなどを捕食しています。

クアッカワラビー
Setonix brachyurus

How to make ▶ 56 ページ

DATA
体　長：40〜55cm 程度
生息地：オーストラリア南西部など

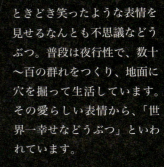

ときどき笑ったような表情を見せるなんとも不思議などうぶつ。普段は夜行性で、数十〜百の群れをつくり、地面に穴を掘って生活しています。その愛らしい表情から、「世界一幸せなどうぶつ」といわれています。

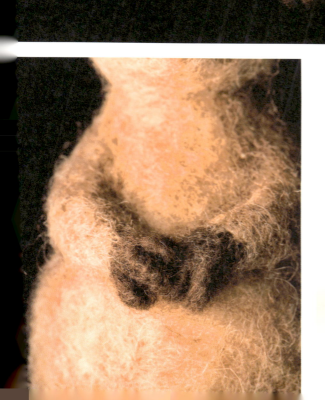

カピバラ Capybara

How to make ▶ 58ページ

DATA
- 体　長：1〜1.4m 程度
- 生息地：ブラジル、アルゼンチンなど

ずんぐりとした体つきで、のほほんとした表情が人気のどうぶつ。体の毛は5cmくらいで、実はタワシのように硬いんだとか。普段は水中で暮らしています。手には水かきもあるので、泳ぐのが得意！

家族をそろえて、暖かさとほのぼの感を表現しました。眼を付けたあとに、まぶたのあたりにアクレーヌを足して、少しだけふっくらさせると穏やかな表情になります。

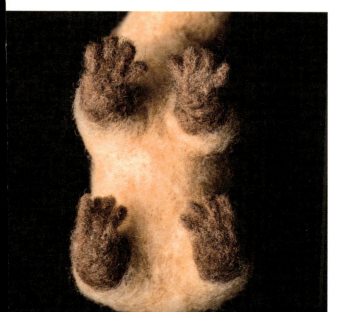

フラミンゴ Flamingo

How to make ▶ 60 ページ

DATA
- 体　長：1.2～1.5m 程度
- 生息地：アフリカ、南ヨーロッパ、中南米など

ピンク色で美しいフラミンゴ。実はヒナのときは白色です。食べ物の影響から体がピンクになっていくようです。片足で立っているのは、すぐに逃げられるように警戒しているからともいわれています。

シマウマ Zebra

How to make ▶ 62 ページ

DATA
- 体　長：2〜3m程度
- 生息地：アフリカなど

ウマとつきますが、ロバに近いのがシマウマ。背骨が弱いので、人が乗ることはできないそう。モノトーンのシマが特徴ですが、これは草原の景色と同化させ、外敵から身を守るためといわれています。

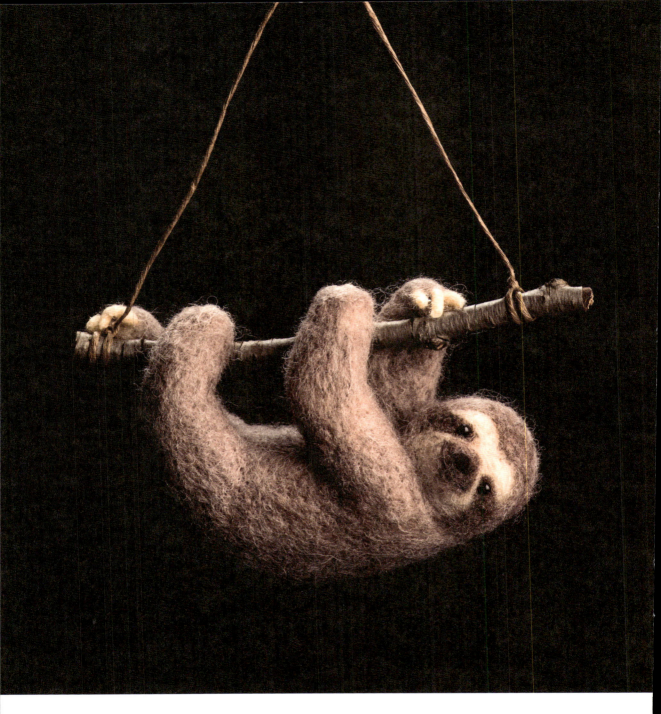

ナマケモノ Sloth

How to make ▶ 64 ページ

DATA
- 体　長：60〜70cm 程度
- 生息地：南アメリカ、中央アメリカなど

のんびりした様子が人気のナマケモノ。一生のほとんどを木の上で生活し、食事や出産などすべてぶらさがって行っています。唯一地上に降りるときは、10日に1回程度のトイレのときだけ！

足指は3本のうち、1本だけにテクノロートを入れています。そうすれば、小枝にひっかけて、ぶら下げることができます。細かい顔の凹凸やもようは、羊毛を少しずつとって、徐々に刺していきましょう。

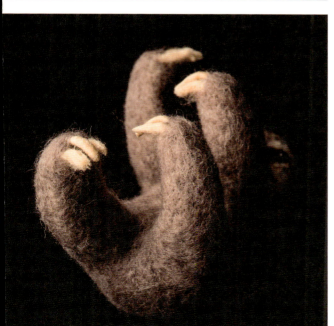

エゾモモンガ Momonga

How to make ▶ 66 ページ

DATA
- 体　長：10～25cm 程度
- 生息地：各地

モモンガと言ってもその種類はさまざま。またムササビと区別されないこともしばしばあるようです。大きな目と長いしっぽが特徴。また手足を広げると出てくる飛膜で空を飛ぶことができるのです。

メンフクロウ Barn owl

How to make ▶ 68ページ

DATA
- 体　長：40cm 程度
- 生息地：南北アメリカ、ヨーロッパ、アフリカ、東南アジアなど

ハート型の顔をもつことで広く知られているメンフクロウ。目や耳がとても発達しているのがフクロウの特徴。その中でも目は人間の 100 倍は見えるとか。

23

レッサーパンダ Lesser panda

How to make ▶ 70 ページ

DATA
- 体　長：50〜65cm 程度
- 生息地：中国、インド、ネパール、ミャンマーなど

パンダと言えば、ジャイアントパンダを想像する人がほとんどですが、最初にパンダと呼ばれたのはレッサーパンダです。ジャイアントが発見されたので、小さいという意味の「レッサー」があとから付けられました。

カメレオン Chameleon

How to make ▶ 72 ページ

DATA
- 体　長：20cm 程度
- 生息地：マダガスカル島など

爬虫類の中でもひときわ、不思議などうぶつ。左右で別々の方向を見ることができたり、巻いた尻尾だけで木にぶら下がれたり。いろんな色に変化できるといわれていますが、それは間違いで実は限定されています。

ワオキツネザル Ring-tailed lemur

How to make ▶ 74 ページ

DATA
- 体　長：35～45cm 程度
- 生息地：マダガスカル島など

白黒の縞模様のしっぽが特徴。強烈な匂いを放つことで知られていて、この匂いでコミュニケーションをとったり、外敵から身を守ったりします。また分泌液をしっぽ全体にまとい振り、誰が長か決めようとします。

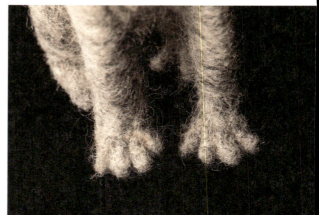

オオハシ Toucan

How to make ▶ 76 ページ

DATA
- 体　長：30〜60cm 程度
- 生息地：中南米、コスタリカ、ブラジルなど

大きなカラフルなくちばしが特徴的なオオハシ。なぜ巨大化したかは不明です。とても人懐っこく、手からも餌を食べてくれるほど。ただ寂しがり屋で、知りあいがそばにいないとパニックを起こすことも…。

メンダコ　Opisthoteuthis depressa

How to make ▶ 53 ページ

DATA
- 体　長：20cm 程度
- 生息地：水深 200〜1000m

名前の由来は水揚げされたときにお面のように見えるから。ヒレをひらひらさせて泳ぐ姿が可愛らしく、深海のアイドルと呼ばれることも。暗い深海では意味がないので、墨袋は持っていません。

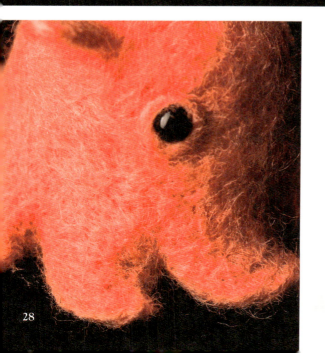

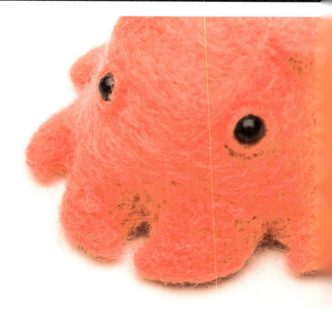

クリオネ Crione

How to make ▶ 78ページ

DATA
- 体　長：1～3cm程度
- 生息地：水深0～600m

海の中をヒラヒラと泳ぐ姿から「流氷の天使」とも呼ばれています。クリオネは実は貝の仲間。とても可愛らしい姿をしていますが、餌を食べるとき、頭が割れてバッカルコーンと呼ばれる触手を出す瞬間は、ちょっと恐ろしい。

29

左／シンデレラウミウシ、右／イチゴミルクウミウシ

ウミウシ Sea slug

How to make ▶ 79 ページ

DATA
- 体　長：個体による
- 生息地：世界各地

世界各国にさまざま種が存在し、その数3000種以上ともいわれているウミウシ。貝の仲間です。触覚を牛の角に見立てたことがこの名前の由来。カラフルなものには毒があることが多いので、食べるのは禁物です。

How to Needle Felting
ニードルフェルトの基礎

ここからは、不思議などうぶつたちの作り方。
パンダ（座り）の作り方と、どうぶつたちの特徴的な部分の作り方を
写真プロセスで解説しています。
好きなどうぶつを作る前に、一度基礎に目を通して、
全体の流れを感じてから作り始めるとスムーズです。

ニードルフェルトで使う道具

ニードルフェルトは、専用のニードルで何回も刺して、フェルト羊毛を好みの固さになるまで固めていきます。
ニードルは、刺した方向と同じ角度で抜き取る作業の繰り返しです。

基本の道具

■ **フェルティング用ニードル**（レギュラー・極細）＊ハマナカ
針の先にギザギザのあるフェルティング専用のニードル。小さなものや、細かい部分の形成や仕上げに使用します。

■ **フェルティング用マット** ＊ハマナカ
ニードルでフェルトを刺すときに下に敷くマット。ニードルを奥まで刺したときに針が折れ曲がるのを防ぐほか、針で他のものを傷つけるのを防ぎます。

■ **目打ち** ＊ハマナカ
目やしっぽ、足などをつけるときに、土台のフェルトに事前に穴を開けるために使用します。

■ **クラフトはさみ** ＊ハマナカ
羊毛やアクレーヌなどをカットするときに使用する他、マズルに切り込みを入れるときや仕上げの調整に使用します。

あると便利な道具

■ **フェルティング用ニードルグリップ** ＊ハマナカ

■ **フェルティング用ハンドニードル** ＊ハマナカ

■ **フェルティング用ニードルホルダー** ＊ハマナカ

グリップがついたものは、にぎりやすいので疲れにくく、作業がしやすいニードルです。2本ニードルがついているものは、作業効率が上がり時間短縮になります。

■ **フェルティング用マットカバー** ＊ハマナカ
フェルティング用マットに重ねて使えば、マットが劣化しにくく、劣化したマットは使いやすくなります。また、色付きのカバーは白色の羊毛が見やすくなります。

■ **フェルティングニードル専用指サック** ＊ハマナカ
ニードルで羊毛やアクレーヌを刺すときに、指の保護として使用します。

ニードルフェルトで使う材料

ひとことでフェルト羊毛と言っても種類はたくさんあります。ここでは、その種類と特性をご紹介します。また、どうぶつたちを作る上で不可欠な材料も掲載しています。

アクレーヌ

■ アクレーヌ ＊ハマナカ
ニードルで刺し固まる高品質のアクリル繊維。羊毛の約半分の時間でまとまります。

フェルト羊毛

■ ソリッド ＊ハマナカ
メリノウール100％のもっともポピュラーなタイプの羊毛。カラー展開も豊富にあります。

■ ミックス ＊ハマナカ
ソリッドに対して、ニュアンスカラーに特化したもの。こちらもメリノウール100％です。

■ ナチュラルブレンド ＊ハマナカ
英国羊毛とメリノウールのブレンド。短めの繊維と粗い風合いが特徴でバッグや小物向きの羊毛です。

■ こだわり ＊ハマナカ
どうぶつ作りのためにこだわってブレンドされた羊毛。仕上がりが柔らかい印象になります。

■ フェルティングヤーンループ ＊ハマナカ
もこもこループ状になった羊毛。本書の作品では、ハリネズミやアルパカに使用されています。

ソリッドアイ

クリスタルアイ

■ 目パーツ ＊ハマナカ
ぱっちり黒目のものと白目があるもの。作るどうぶつに合わせて選びましょう。

■ 手芸用クラフトボンド ＊ハマナカ
目や足、細部などを接着するときに使用します。乾くと透明になります。

■ テクノロート
（形状保持材）＊ハマナカ
足の長いどうぶつやしっぽの芯に使用します。自在に曲げることができます。

■ フラワー用ワイヤー ＊ハマナカ
（#22　こげ茶、白）
鳥などの爪があるどうぶつの足に使用します。

本書ではハマナカ株式会社の用具と材料を使用しています。用具の材料については下記へお問い合わせください。
ハマナカ株式会社　http://www.hamanaka.co.jp　京都本社　TEL:075-463-5151

p.10 パンダ（座り）を作ってみよう

好きなどうぶつを作る前に、このプロセスを読んで流れをつかんでから作り始めましょう。羊毛は、刺したあとに減らしていくことはできないので、少しずつ羊毛を足しながら、実物大になるように大きくしていきます。

【各パーツを作る（胴体・頭など）】

❶ 手の間隔を15cmくらい開けてアクレーヌを引きちぎる。

❷ ちぎったものをさらに縦1/3に裂く。

❸ ❷を作る部位の実物大パーツの型紙（P.48・P.49）の大きさに合わせてアクレーヌを丸めていく。

❹ アクレーヌを端からしっかりと巻きながら、都度ニードルで刺して固めていく。

❺ 固めたところ。

❻ 大きさが足りないようなら、❷を追加で作り、❺に巻き付けながら同様に刺していき、型紙の大きさになるまで繰り返す。

【各パーツを作る（手・足など）】

❼ アクレーヌを必要な長さ（実物大パーツの型紙（P.48・P.49）の2倍程度の長さ程度）をとって半分に折る。

❽ 輪の部分からニードルで刺し、固めながら形を作っていく。

❾ 足首のカーブする部分の形を作る。端から1cmを最初に刺して固め、残りを曲げて刺し進める。

❿ 細く裂いた同じ色のアクレーヌを少しずつ回りにかぶせて刺し、実物大パーツの型紙（P.48・P.49）の大きさにしていく。

⓫ 先端のふわふわ部分が1cmくらいになるように切りそろえる。

⓬ ❶〜⓫を参考に、全てのパーツを作る。（実物大パーツの型紙は全てP.48・P.49にあります。）

【パーツをつなげ、もようを入れていく】

⑬ 胴体と頭を合わせて、ニードルを数回刺して仮どめする。

⑭ 少量のアクレーヌを首元に足し、ニードルで刺して首周りを補強していく。

⑮ 補強が終わったところ。

⑯ できあがりが猫背になるように、首の後ろに少量のアクレーヌを足して刺していく。

⑰ 猫背になったところ。

⑱ 足のふさふさの部分を胴体にあてがい、ニードルで刺して固定する。

⑲ このままだと足の付け根の黒が多いので、足の付け根に少量の白のアクレーヌを追加しニードルで刺していく。

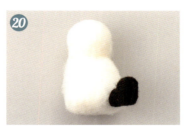

⑳ 刺せたところ。

㉑ もう片方の足も同様に刺していく。

㉒ ⑱と同じように手を刺していく。手はあとから黒のアクレーヌでもようを足すので、付け根に白のアクレーヌは追加しない。

㉓ 手がついたところ。

㉔ 胸と背中のもようを黒のアクレーヌで刺していく。このとき、手の付け根がなめらかになるように調整する。

パンダ（座り）を作ってみよう

もようが刺せたところ。

顔にマズルをニードルで数回刺して仮どめする。

少量の白のアクレーヌをマズルの付け根に刺し補強する。

⑱、⑲と同様の方法で両耳を刺していく。

鼻・目のもようを少量の黒のアクレーヌで刺していく。

マズルの口になる位置にはさみで切り込みを入れる。

切った部分がほつれないように、少量の白のアクレーヌで補強する。

少量のピンクのアクレーヌを口の中に刺す。

鼻の下と口の輪かくを少量の黒のアクレーヌで刺す。

目打ちで目を入れる場所にあらかじめ刺して穴を開ける。

ソリッドアイにボンドを付け、㉞の穴に目を入れる。

㉖、㉗と同様の方法でしっぽを作る。

縞模様のしっぽの作り方

レッサーパンダ（P.24）のような縞模様のしっぽの作り方を説明します。ここでは実際にレッサーパンダのしっぽを作っています。

❶ P.34を参考にしてしっぽを作る。

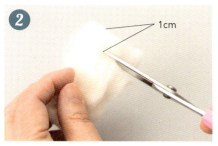

❷ 白い羊毛を薄く広げ、はさみで1cmの長さにカットする。

❸ ❷をさらにひとつまみ引きちぎり、薄く伸ばす。

❹ しっぽの先端から1cm開けたところに❸を置いてニードルで刺していく。

❺ 白が刺せたら、しっぽと同色の羊毛を❸と同量とり、❹で刺した白の羊毛に5mmほどかぶせるようにしてニードルで刺していく。

❻ ❹、❺を根元まで繰り返す。

❼ P.35の手の付け方を参考に胴体にしっぽをニードルで刺していく。

❽ しっぽが胴体に付いたら、付け根に胴体と同色の羊毛を縞模様が雑にならないように微調整しながらニードルで刺す。

37

鳥の足の作り方

フラワー用ワイヤーを使って爪があるどうぶつの足の作り方を説明します。ここではオオハシ（P.27）の足を作っています。

1 ニッパーでワイヤーを指示通りの長さにカットし、ペンチで中心から半分に折りたたむ。

2 ①を2本あわせてフローラテープで巻いていく。このとき先端（各作り方記載の指示通りの長さ）はフローラテープを巻かないでおく。

3 ②で残したワイヤーの先端を足の形になるように開いていく。

4 ニッパーで足先の長さを切りそろえ、広げたワイヤー全体にボンドを塗る。

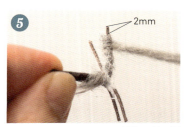

5 細長くとったアクレーヌを足指の付け根から指先に向かって巻き付けていく。このとき指の先端は2mmほど残しておき、折り返して根元まで再度巻く。

6 根元まで戻ったらそのまま別の足指を同じ要領で巻いていく。

7 ⑥をくり返し、4本の足指を全て巻いたら、ボンドで止める。余ったアクレーヌはボンドが乾いたらはさみでカットする。

8 足にボンドを塗り、アクレーヌを足首の付け根から上に向かって巻いていく。始末は、足指と同様。

9 胴体の足をつける位置に、目打ちで穴を開ける。

10 ⑨で開けた穴にボンドを付けた足を刺し込む。
※オオハシは付け根を曲げて足の角度をつけていますが、他の鳥は曲げないでまっすぐ体につけます。

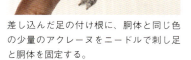

11 差し込んだ足の付け根に、胴体と同じ色の少量のアクレーヌをニードルで刺し足と胴体を固定する。

12 固定したところ。反対側の足も同様の方法でつける。

テクノロートを使った胴体の作り方

テクノロートを使い、手足の長いどうぶつの胴体の作り方を説明します。ここではアルパカ（P.8）の胴体を作っています。

1. 16cmにカットしたテクノロート（L）を2本用意して、中心の4cm（胴体になる部分）を2本一緒にねじる。

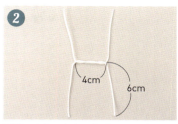

2. 写真のように左右に曲げ、それぞれの先端（足になる部分）を6cmに切りそろえる。

3. 細く裂いた白の羊毛をねじった中心の部分に端から巻きつけていく。

4. 端から端まで巻きつけたら、ニードルで全体を刺してテクノロートに固定していく。

5. 白の羊毛を少しずつ足しながらニードルで刺し、胴体の幅が2.5cmになるまで繰り返す。

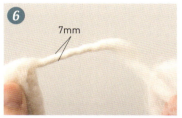

6. 細く裂いた白の羊毛を足の部分に巻きつけ、❺と同じように、少しずつ羊毛を足しながらニードルで刺し、足の幅が7mmになるまで繰り返す。このとき足の付け根と胴体もニードルで刺してしっかり固定する。

7. 全ての足を同様につくったところ。

8. 足の付け根を曲げて、前足、後ろ足をつくる。

9. できあがりをイメージしながら、細部も曲げ、実際に立たせて様子をみてみる。

10. 白の羊毛を胴体と足に少しずつ足しながらニードルで刺し肉付けをしていき、できあがりのイメージに形を調整していく。

11. 肉付けしたところ。

フェルティングヤーンループの使い方

フェルティングヤーンループを使って質感のあるどうぶつを表現します。ここではハリネズミ（P.9）の背中を作っています。

❶ 背中の模様を入れる範囲をわかりやすくするために、細く裂いた羊毛（こげ茶）であらかじめ、ガイドラインを刺しておく。

❷ ❶のラインを隠すようにフェルティングヤーンループを刺していく。

❸ フェルティングヤーンループを外側から巻いていき、中心に向かって埋めるように刺していく。

❹ すべてを埋めたところ。

❺ ティノを3cm長さにカットする。(100本くらい)

❻ ❹の上に❺を置き、ティノの先端が1cm程度出るくらい、中心をニードルで押し込むように刺す。

❼ 20本ほど刺したら、4mmくらいの長さになるようにはさみで切りそろえる。

❽ ❻、❼を繰り返し、背中一面にティノが刺さったら、少量の水で溶いたボンドをティノに塗る。
※ハリが出るのとほつれを防ぐため。

P.6 ハシビロコウ

材料

- フェルト羊毛
  - ソリッド：白（1）……… 10g
  - グレー（54）……… 3g
  - 濃グレー（55）…… 2g
  - レモン（42）……… 2g
  - オレンジ（32）…… 少量
- クリスタルアイ（ゴールド）4.5mm …… 2個
- フラワー用ワイヤー（白 #22）……… 20cm 4本
- フローラテープ（白）……………… 適宜

できあがりサイズ
横幅 約4cm・高さ 約15.5cm

作り方順序

① 各パーツを作る（P.34参照）
　（胴体・頭・尾羽・飾り羽5枚）
② 胴体に尾羽をつける
③ 胴体に頭をつけ、頭部を作る
④ 胴体の上半分にグレーを刺す
⑤ 羽のもようをつける
⑥ 胸の部分にもようをつける
⑦ 目と飾り羽をつける
⑧ くちばしにもようを刺す
⑨ 足を作り、胴体につける（P.38参照）

実物大パーツ

□ … 他のパーツと接合するために、羊毛を固めず、余分にふわふわさせておく部分

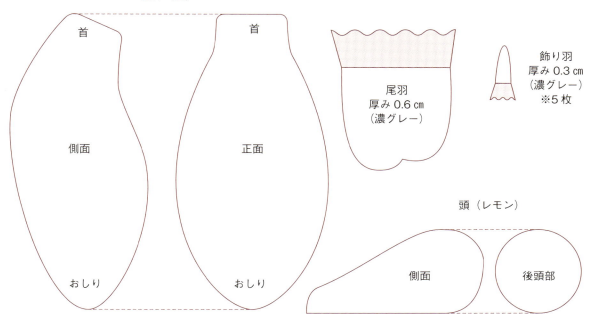

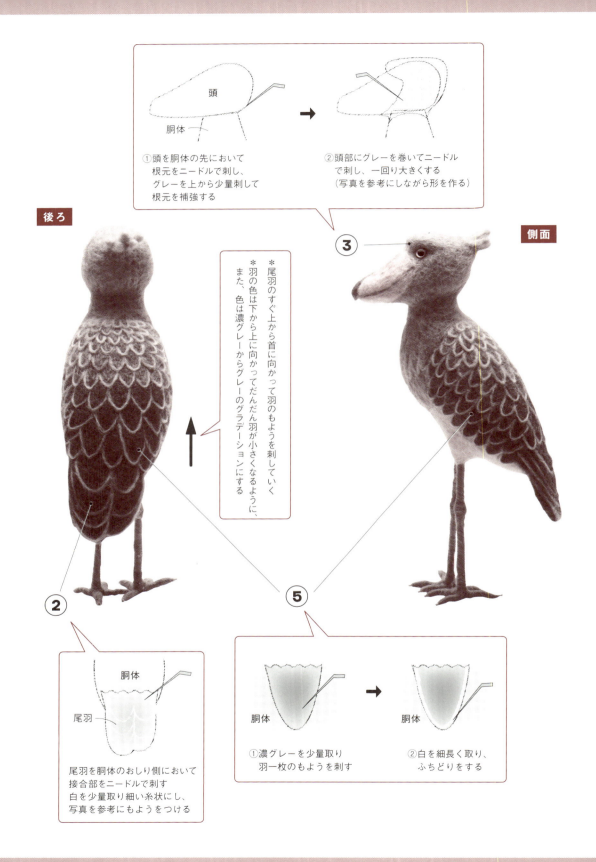

42

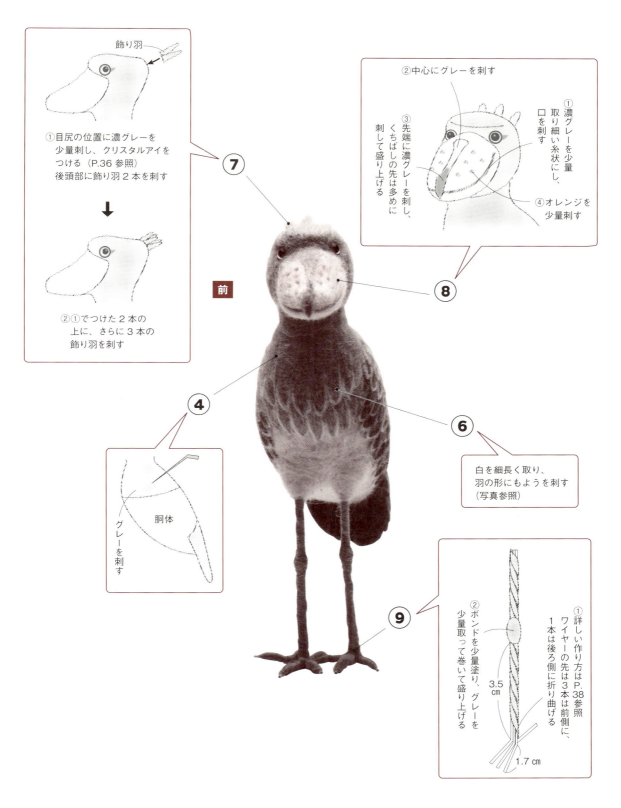

P.8 アルパカ

材料

- フェルト羊毛
    - ナチュラルブレンド：白（801）……… 8g
    - ソリッド：グレー（54）………… 少量
    - 黒（9）…………… 少量
- フェルティングヤーンループ　生成（1）…… 6m
- テクノロート（L）………… 16㎝2本
- ソリッドアイ　3.5㎜……… 2個

できあがりサイズ
全長　約7.5㎝・高さ　約11㎝

作り方順序

① 各パーツを作る（P.34参照）
　（頭・胴体・耳2個・ゆび8個）
② 胴体に頭をつける（P.35参照）
③ 頭に耳をつける
④ 足の先にゆびをつける
⑤ 顔と足先以外にフェルティングヤーンループを刺す（P.40 - 2〜4参照）
⑥ 顔を作る

実物大パーツ

 … 他のパーツと接合するために、羊毛を固めず、余分にふわふわさせておく部分

※すべて白の羊毛

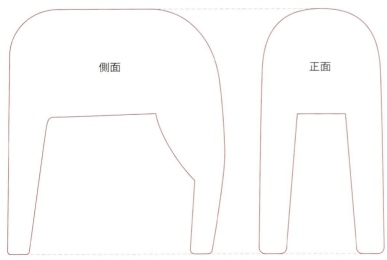

胴体（テクノロートを使って作ります。P.39参照）

側面　　正面　　頭　正面・側面同型

耳　厚み0.3㎝　※2個
ゆび　厚み0.4㎝　※8個

P.9 ハリネズミ（あお向け・立ち）

材料

- フェルト羊毛
  ナチュラルブレンド：白（801）……… 6g
  　　　　　　　　　うす茶（803）… 少量

  ソリッド：こげ茶（31）……………… 少量
  　　　　　うす ピンク（36）………… 少量

- フェルティングヤーンループ　ブラウン (3)……1.7m
- アクリル毛糸　ティノ　生成り (2)…………………3.3m
- ソリッドアイ　4mm ……………………………………2個

できあがりサイズ

あお向け：横幅 約4.5cm・高さ 約5.5cm
立ち：全長 約7cm・高さ 約4cm

作り方順序
※前足の作り方以外はあお向け・立ち共通

① 各パーツを作る（P.34参照）
　（胴体・マズル・前足2個（立ちのみ）・耳2個）
② 顔の部分にマズルをつける
③ 胴体に前足をつける（立ちのみ・P.35参照）
④ 後ろ足をつくる
　（あお向けは前足も同様につくる）
⑤ 顔を作る
⑥ 背中に植毛をする（P.40参照）

実物大パーツ

☐ … 他のパーツと接合するために、羊毛を固めず、余分にふわふわさせておく部分

胴体・立ち（白）
側面
植毛のガイドライン

マズル
厚み1cm
（白）

耳
厚み0.4cm
（うす茶）
※2個

前足
厚み0.7cm
（白）
※2個
立ちのみ

胴体・あお向け（白）
顔
背面

顔
植毛のガイドライン
側面

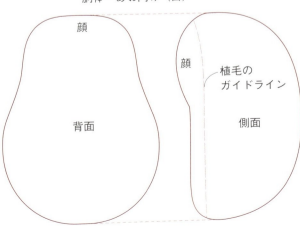

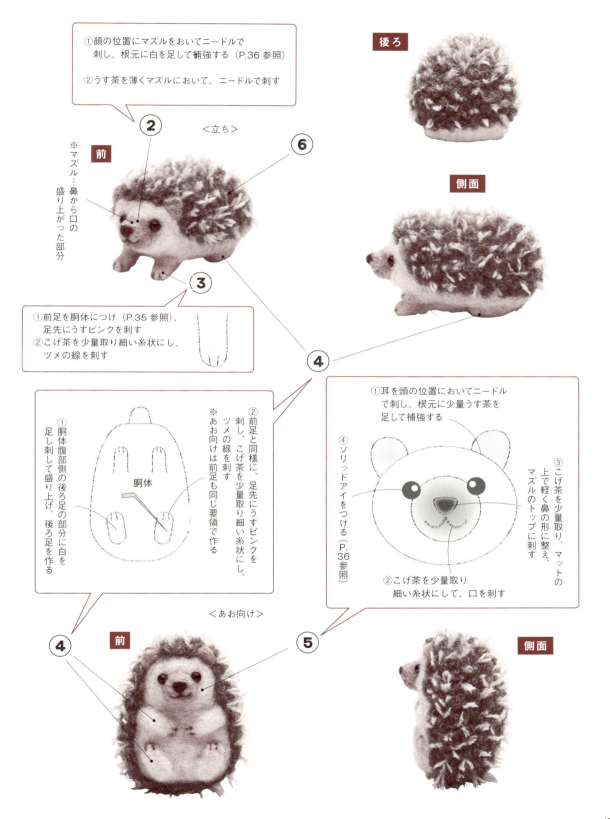

P.10 | # パンダ（歩き・ひょっこり）※座りの作り方は P.34 参照

材料　※材料は1個分

・アクレーヌ：白（101）………………… 9g
　　　　　　黒（112）………………… 2g
　　　　　　うすピンク（114）……… 少量　※座り・ひょっこりのみ

・ソリッドアイ　3.5mm　………………… 2個

できあがりサイズ
座り：横幅　約4cm・高さ　約8cm
歩き：全長　約8cm・高さ　約5cm
ひょっこり：横幅　約4cm・高さ　約10cm

作り方順序　※基本の作り方はどのタイプも共通。詳しい作り方は P.34〜 を参照

① 各パーツを作る（P.34 参照）

　（下図を参照し、必要なパーツを作る）

② 胴体に頭をつける（座り・ひょっこりのみ、P.35 参照）

③ 胴体に後ろ足をつける（P.35 参照）

④ 胴体に前足をつける
　（座り・ひょっこりのみ、P.35 参照）

⑤ 胸・背中にもようを刺す（P.35・36 参照）

⑥ 顔を作る（P.36 参照）

⑦ 頭に耳をつける（P.36 参照）

⑧ しっぽをつける（P.36 参照）

実物大パーツ

　　▢ … 他のパーツと接合するために、
　　　　羊毛を固めず、余分にふわふわさせておく部分

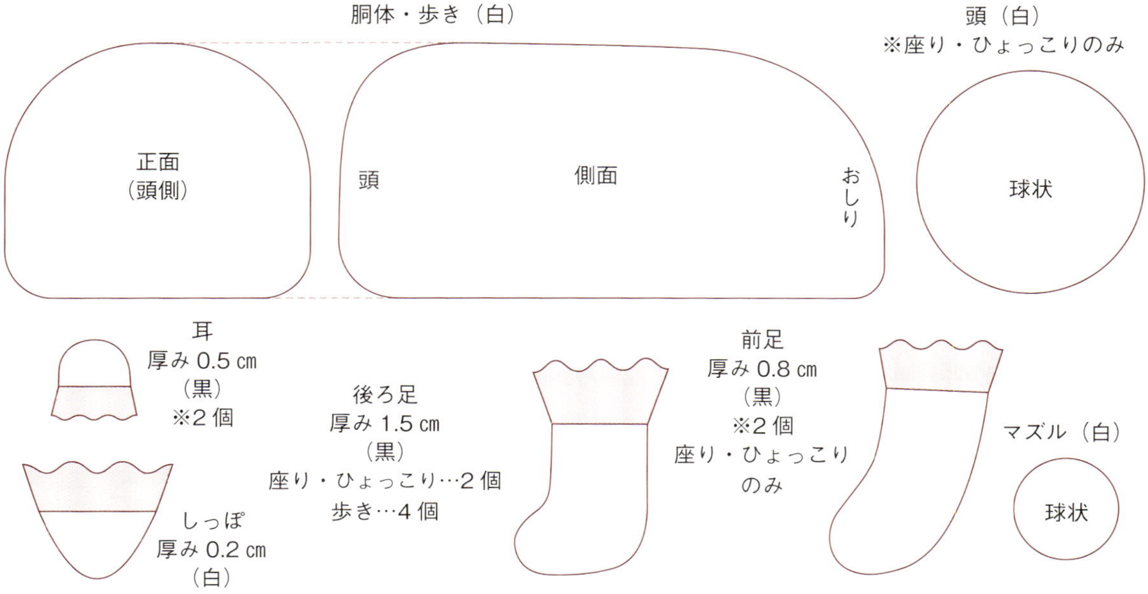

胴体・歩き（白）

正面（頭側）

頭　側面　おしり

頭（白）
※座り・ひょっこりのみ

球状

耳
厚み 0.5cm
（黒）
※2個

後ろ足
厚み 1.5cm
（黒）
座り・ひょっこり…2個
歩き…4個

前足
厚み 0.8cm
（黒）
※2個
座り・ひょっこり
のみ

マズル（白）

球状

しっぽ
厚み 0.2cm
（白）

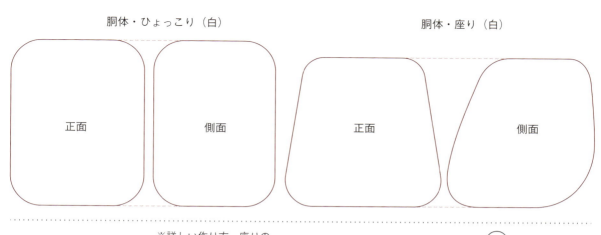

胴体・ひょっこり（白）　　　　　胴体・座り（白）

正面　　側面　　正面　　側面

49

P.12 カワウソ

材料

- フェルト羊毛
  - ソリッド：こげ茶（31）………… 10g
  - 　　　　　黒（9）………………少量
  - こだわり：うすあずき（302）…少量
- ソリッドアイ　4mm ……………2個

できあがりサイズ
全長　約12cm・高さ　約4.5cm

作り方順序

① 各パーツを作る（P.34参照）
　（頭・マズル・耳2個・胴体・前足2個・ゆび12個・しっぽ）
② 前足の先にゆびをつける
③ 胴体に頭をつける（P.35参照）
④ 胴体に前足をつける（P.35参照）
⑤ 胴体の太ももあたりにこげ茶を足しふっくらさせ、ゆびをつける
⑥ 顔を作る
⑦ しっぽをつける（P.35参照）

実物大パーツ

　…他のパーツと接合するために、羊毛を固めず、余分にふわふわさせておく部分

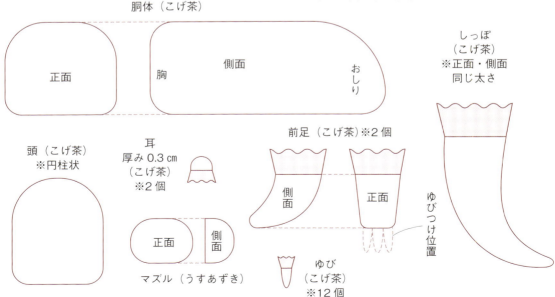

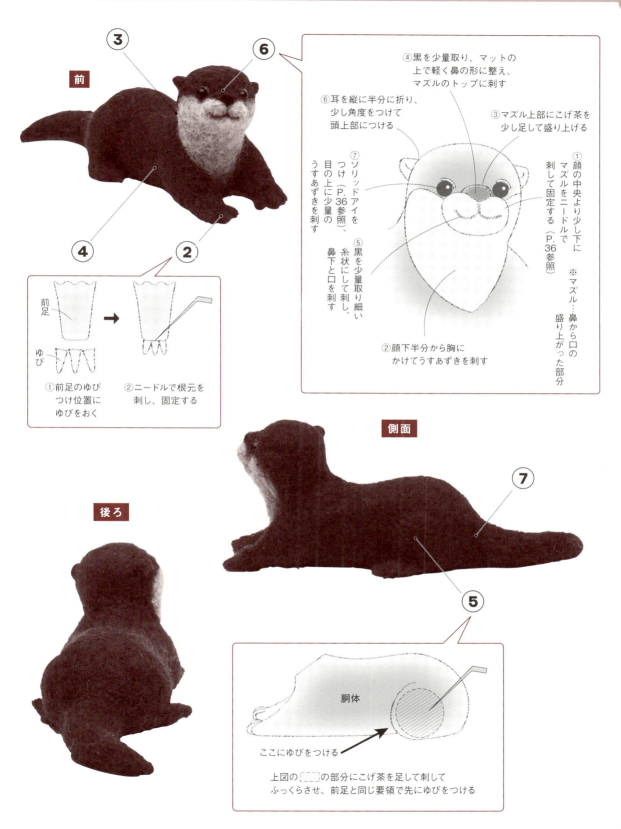

P.13 | **カモノハシ**

材料

- アクレーヌ：こげ茶（253）……… 6g
            濃グレー（134）…… 1g
- ソリッドアイ 2.5mm ………… 2個

できあがりサイズ
全長 約11.5cm・高さ 約3cm

作り方順序

① 各パーツを作る（P.34参照）
　（胴体・くちばし・足4個・しっぽ）
② 胴体にくちばしをつける（P.35参照）
③ 胴体にしっぽをつける（P.35参照）
④ 胴体に足をつける
⑤ 顔を作る

実物大パーツ

▢ … 他のパーツと接合するために、羊毛を固めず、余分にふわふわさせておく部分

しっぽ 厚み0.5cm（こげ茶）

足 厚み0.4cm（濃グレー）※4個
（切り込み位置 あとで入れる）

くちばし 厚み0.5cm（濃グレー）

胴体（こげ茶）
頭　背面　おしり
頭　側面　おしり

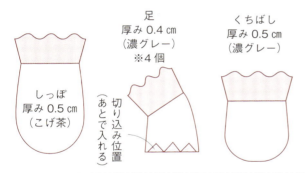

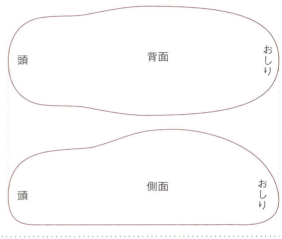

①くちばしを頭の先端においてニードルで刺し、根元に少量濃グレーを足して補強する
②ソリッドアイをつける（P.36参照）
③くちばしの先端に、ニードルで軽く刺してくぼみをつける

0.3cm　0.5cm

前　側面　後ろ

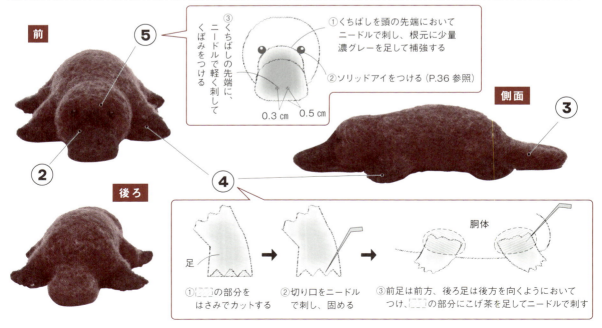

①▢の部分をはさみでカットする
②切り口をニードルで刺し、固める
③前足は前方、後ろ足は後方を向くようにおいてつけ、▢の部分にこげ茶を足してニードルで刺す

胴体　足

P.28 メンダコ

材料
- フェルト羊毛
  ソリッド：サーモンピンク（37）6g
- ソリッドアイ 4.5mm ……………2個

作り方順序
1. 各パーツを作る（P.34参照）
   （胴体・足8個・ヒレ2個）
2. 胴体に足をつける
3. ヒレ・目をつける

できあがりサイズ
横幅 約6cm・高さ 約3.5cm

実物大パーツ ※すべてサーモンピンクの羊毛

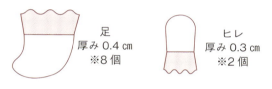

… 他のパーツと接合するために、
羊毛を固めず、余分にふわふわさせておく部分

胴体 正面・側面 同型

足 厚み0.4cm ※8個

ヒレ 厚み0.3cm ※2個

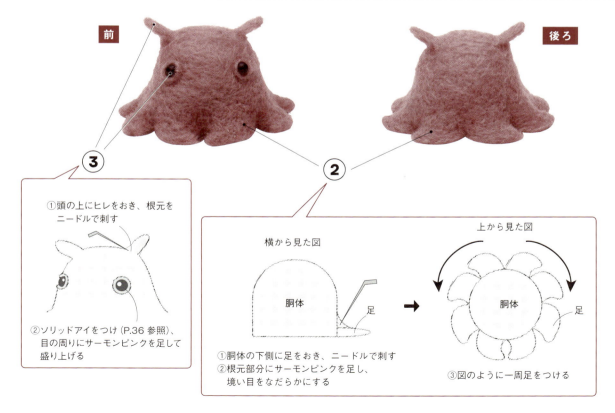

前　後ろ

③
① 頭の上にヒレをおき、根元をニードルで刺す
② ソリッドアイをつけ（P.36参照）、目の周りにサーモンピンクを足して盛り上げる

②
横から見た図　上から見た図
① 胴体の下側に足をおき、ニードルで刺す
② 根元部分にサーモンピンクを足し、境い目をなだらかにする
③ 図のように一周足をつける

P.14 アリクイ

材料

- アクレーヌ：生成（251） ……………… 親10g・子3g
  アイボリーブラック（255） ………… 親1g・子 少量
  こげ茶（253） …………………………… 少量

- ソリッドアイ　親2.5㎜・子2㎜ ………………… 各2個

できあがりサイズ
親：全長 約15㎝・高さ 約4㎝
子：全長 約9㎝・高さ 約2㎝

作り方順序　※親と子は作り方共通

① 各パーツを作る（P.34 参照）
　（頭・胴体・耳2個・前足2個・後ろ足2個・しっぽ）

② 胴体に頭をつける（P.35 参照）

③ 胴体に前足・後ろ足をつける（P.35 参照）

④ 胴体にしっぽをつける（P.35 参照）

⑤ 耳を頭につける

⑥ 顔を作り、ツメを刺す

⑦ 胴体にもようを刺す

実物大パーツ・親　※すべて生成のアクレーヌ

□ … 他のパーツと接合するために、羊毛を固めず、余分にふわふわさせておく部分

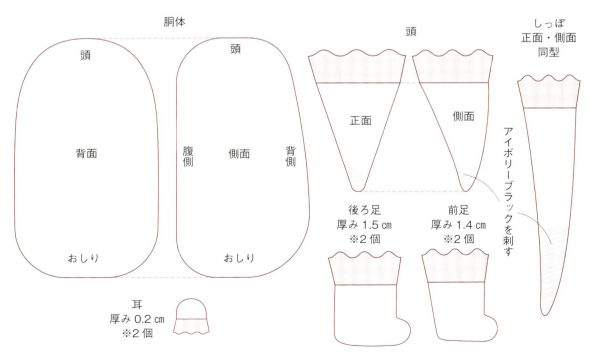

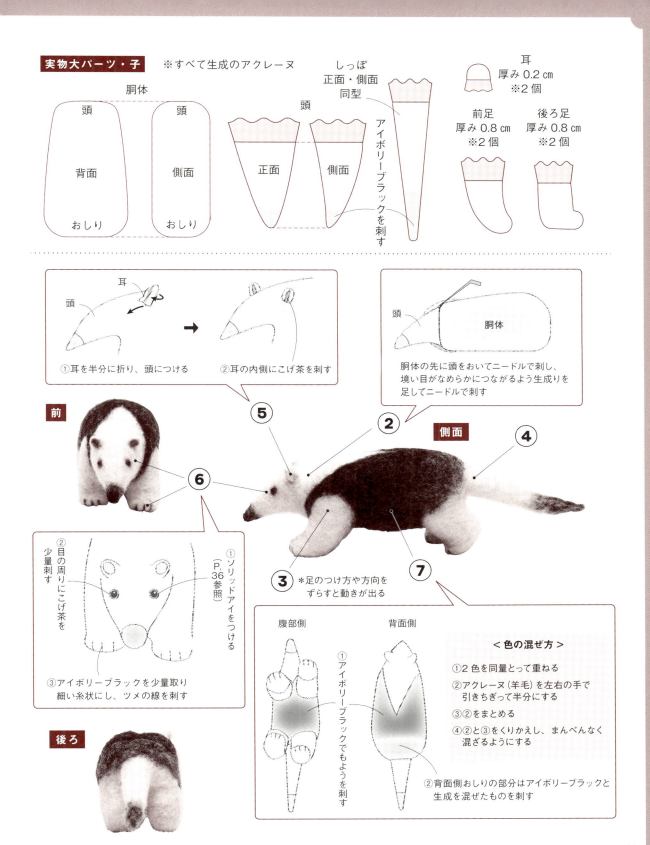

P.15 | # クアッカワラビー

材料

・フェルト羊毛
　　ナチュラルブレンド：うす茶（803）…… 10g
　　　　　　　　　　　　茶（804）………… 少量

　　ミックス：濃こげ茶（208）…………… 少量

　　ソリッド：こげ茶（41）………………… 少量
　　　　　　　うすピンク（36）…………… 少量

・ソリッドアイ　4mm　……… 2個

> **できあがりサイズ**
> 横幅　約4.5cm・高さ　約10cm

作り方順序

① 各パーツを作る（P.34 参照）

　（頭・胴体・耳2個・前足2個・後ろ足2個

　しっぽ・ゆび12個）

② 胴体に頭をつける（P.35 参照）

③ 後ろ足をつける

④ 前足をつける

⑤ 頭に耳をつける

⑥ 顔を作る

⑦ しっぽをつける

⑧ うす茶と茶をミックスしたものを、頭の中央・
　腹部以外の胴体（側面・背中）・しっぽの先に薄く刺す

実物大パーツ

☐ … 他のパーツと接合するために、
　　羊毛を固めず、余分にふわふわさせておく部分

頭（うす茶）

胴体（うす茶）

鼻　側面　　後頭部

しっぽ
（うす茶）
※円柱状

正面・側面
同型

耳
厚み0.8cm
（うす茶）
※2個

ゆび
（こげ茶）
※12個

前足
厚み0.8cm
（うす茶）
※2個

後ろ足
厚み0.9cm
（こげ茶）
※2個

P.16 | # カピバラ

材料　※子は1個分の材料

・アクレーヌ：うす茶（256）…………………親10g・子3g
　　　　　　こげ茶（253）…………………親2g・子1g

・ソリッドアイ　親4.5mm・子3mm　………各2個

できあがりサイズ
親：全長　約9cm・高さ　約6.5cm
子：全長　約6cm・高さ　約4.5cm

作り方順序　※親と子は基本の作り方共通

① 各パーツを作る（P.34参照）

　（頭・胴体・耳2個・足4個・ゆび16個（親のみ））

② 足のゆびを作る

③ 胴体に頭をつける（P.35参照）

④ 胴体に足をつける

⑤ 頭に耳をつける

⑥ 顔を作る

実物大パーツ・親

□ … 他のパーツと接合するために、
　　羊毛を固めず、余分にふわふわさせておく部分

胴体（うす茶）

側面　　　　正面

ゆび
（こげ茶）
※16個

足
（こげ茶）
※4個

頭（うす茶）

鼻　側面　　後頭部

耳
厚み0.4cm
（こげ茶）
※2個

側面　　正面

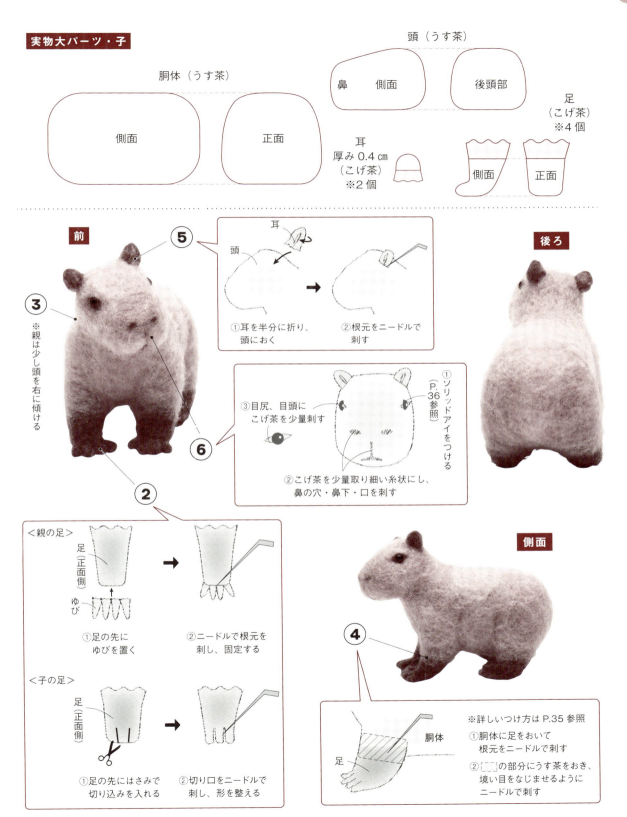

P.18 フラミンゴ

材料

- フェルト羊毛
  - ソリッド：白（1） ………… 少量
  - 黒（9） ………… 少量
  - うすピンク（22） ………… 12g
  - ナチュラルブレンド：朱色（834） …… 少量
  - 桃色（833） …… 少量
- ソリッドアイ　2mm ………… 2個
- フラワー用ワイヤー（白 #22） ………… 10cm 6本
- テクノロート（L） ………… 10cm
- フローラテープ（白） ………… 適宜

できあがりサイズ
横幅 約4cm・高さ 約16cm

作り方順序

1. 各パーツを作る（P.34参照）
   （首（作り方はP.39参照）・胴体・くちばし 羽30枚・尾羽5枚）
2. 胴体に首をつける
3. 胴体に朱色を刺す
4. おしりの部分に尾羽を刺す
5. 写真を参照して、羽を胴体に刺す
6. うすピンクと朱色を同量ミックスし（P.55参照）、胸の部分に刺す 羽の部分にもところどころ刺してニュアンスを出す
7. くちばし、顔をつくる
8. 足を作る
9. 胴体に足をつける（P.38 − 9〜12参照）

実物大パーツ

□ … 他のパーツと接合するために、羊毛を固めず、余分にふわふわさせておく部分

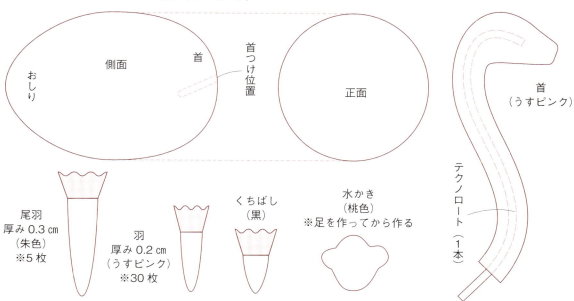

胴体（うすピンク）／側面／おしり／首／首つけ位置／正面／首（うすピンク）／尾羽 厚み0.3cm（朱色）※5枚／羽 厚み0.2cm（うすピンク）※30枚／くちばし（黒）／水かき（桃色）※足を作ってから作る／テクノロート（1本）

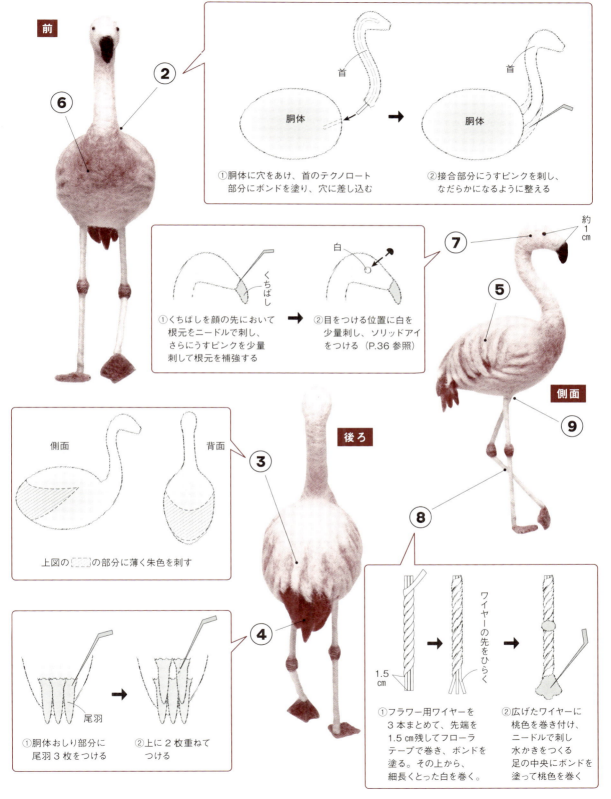

P.19 | シマウマ

材料

- フェルト羊毛
  - ソリッド：白（1） ………… 15g
  - 　　　　　黒（9） ………… 2g
  - 　　　　　こげ茶（31）…… 少量
- テクノロート（L）………………… 16.5㎝2本
- ソリッドアイ　3.5㎜ ………… 2個

できあがりサイズ
全長 約10.5㎝・高さ 約10㎝

作り方順序

① 各パーツを作る（P.34参照）
　（頭・胴体（P.39参照）・首・耳2個・しっぽ）
② 胴体に首をつけ、首に頭をつける
③ 頭に耳をつける
④ 背中にたてがみ部分を作る
⑤ 目の位置にソリッドアイをつける（P.36参照）
⑥ しっぽの先を作り、おしりにつける
⑦ 写真を参照して、全体にしまもようを黒で刺す
　（腹部、脚の内側は白のままにする）
⑧ 鼻先、足先にこげ茶を刺す

実物大パーツ

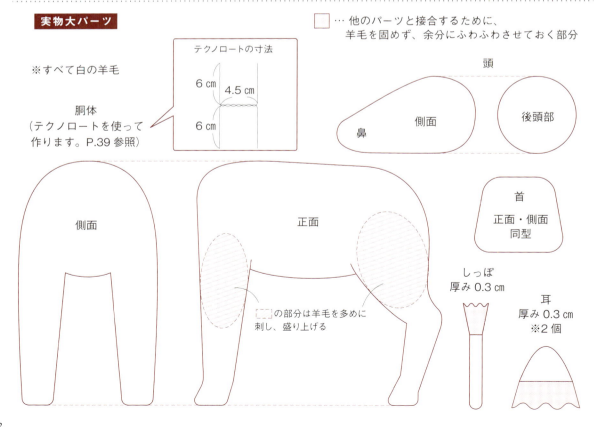

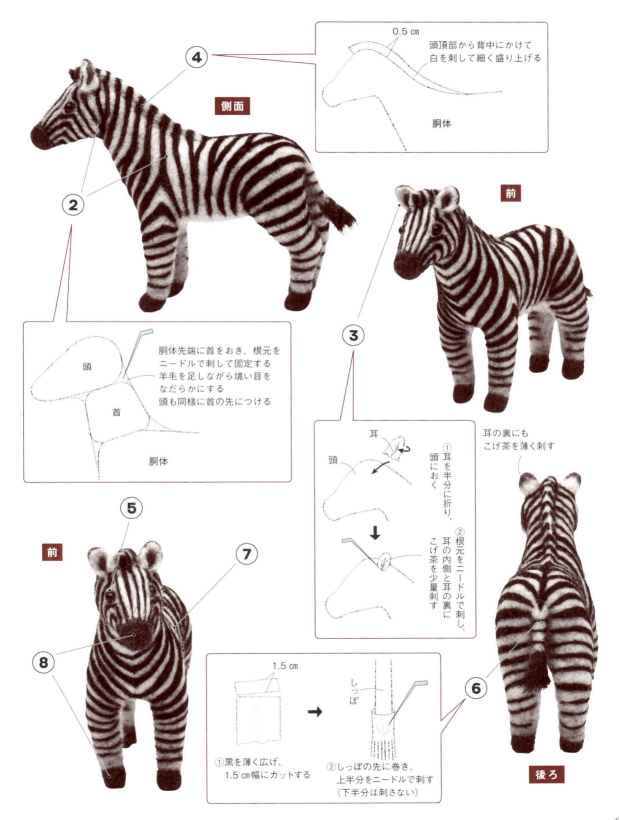

P.20 ナマケモノ

材料

- フェルト羊毛
    - ナチュラルブレンド：あずき（816） …………… 16g
    - ソリッド：ベージュ（29） ………………………… 少量
    - ミックス：こげ茶（208） ………………………… 少量
- ソリッドアイ　3㎜ ……… 2個
- テクノロート(L) ………… 3.4㎝ 2本
- 小枝 …………………… 約12㎝ 1本
- つるしひも …………… 約30㎝

できあがりサイズ
全長 約11㎝・高さ 約7㎝

作り方順序

1. 各パーツを作る（P.34参照）
   （頭・胴体・足4個・両端のツメ8個）
2. 真ん中のツメ4個（テクノロートを入れる）を作る
3. 足の先にツメをつける
4. 胴体に頭をつける（P.35参照）
5. 胴体に足をつける（P.35参照）
6. 顔を作る
7. 小枝につるしひもを結び、小枝を足の間に通して真ん中のツメ（テクノロート入り）を曲げて小枝に巻きつける

実物大パーツ

 … 他のパーツと接合するために、羊毛を固めず、余分にふわふわさせておく部分

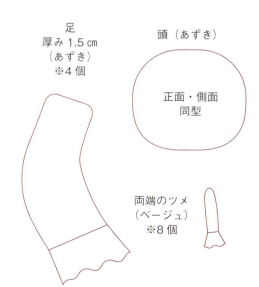

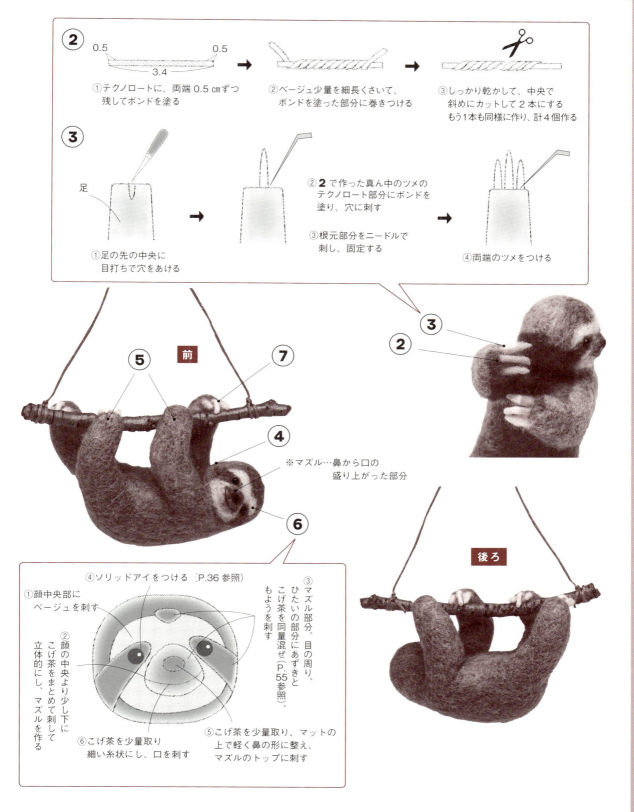

P.22 エゾモモンガ

材料

- フェルト羊毛
  - ナチュラルブレンド：白（801）……………… 9g
  - うすピンク（814）…… 少量
  - あずき（816）………… 2g
  - ソリッド：黒（9）……………………… 少量
  - こだわり：うすあずき（302）……………… 1g
- ソリッドアイ　5mm ……… 2個

できあがりサイズ
全長 約13cm・厚み 約2.5cm

作り方順序

1. 各パーツを作る（P.34参照）
   （頭・胴体・足4個・足先4個・耳2個・しっぽ）
2. 胴体に頭・足をつけ（P.35参照）、飛膜を作る
3. 顔中央～頭と、背面側全体にうすあずきを刺す
4. 足先をつける
5. 頭に耳をつける
6. 顔を作る
7. しっぽを胴体のおしりにつけ、羊毛を足してふさふさ感を出す

実物大パーツ

☐ … 他のパーツと接合するために、羊毛を固めず、余分にふわふわさせておく部分

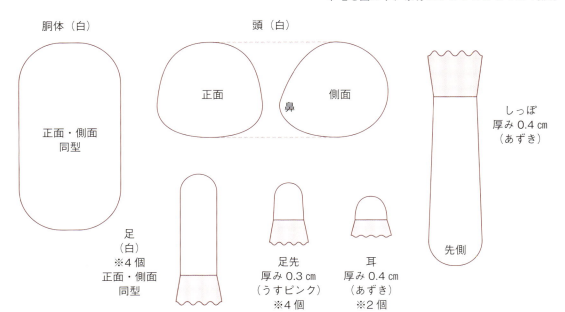

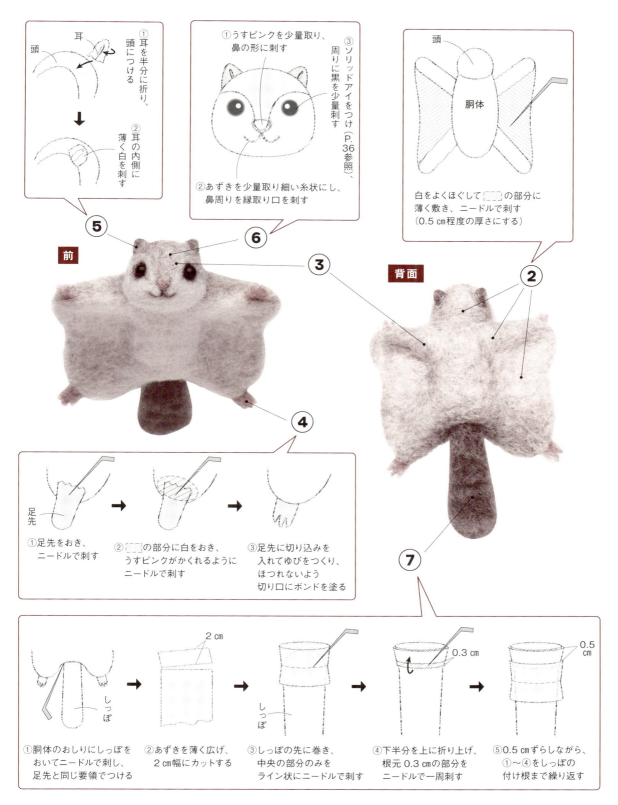

P.23 | メンフクロウ

材料

- アクレーヌ：白（101） ·················13g
  - ベージュ（256） ········3g
  - こげ茶（253） ··········少量
  - うすレモン（132） ······少量
- クリスタルアイ（クリスタルブラウン）6㎜ ······ 2個
- フラワー用ワイヤー（こげ茶 #22） ················ 6㎝ 4本
- フローラテープ（こげ茶） ································ 適宜

[できあがりサイズ
横幅 約5.5㎝・高さ 約10㎝]

作り方順序

① 各パーツを作る（P.34参照）（胴体・尾羽2個）
② 顔のラインを作る
③ 左右の羽を作る
④ 尾羽をつける
⑤ 顔を作る
⑥ 足を作り、胴体につける（P.38参照）

実物大パーツ

 … 他のパーツと接合するために、羊毛を固めず、余分にふわふわさせておく部分

胴体（白）

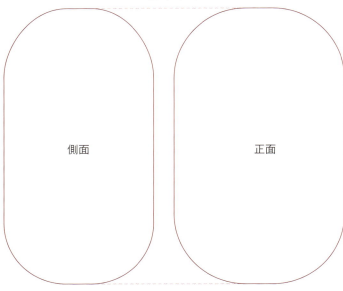

側面　　　正面

尾羽
厚み0.5㎝
（ベージュ）
※2個

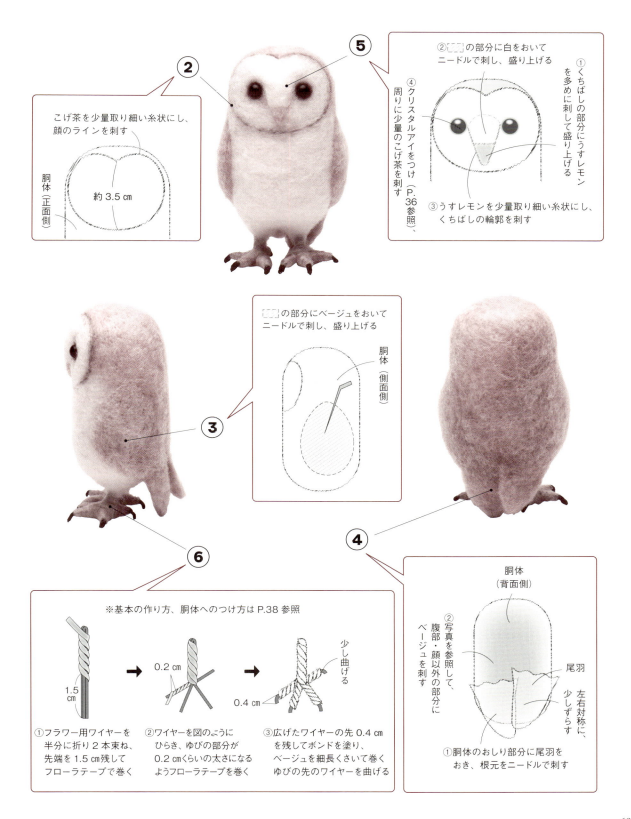

P.24 レッサーパンダ

材料

- フェルト羊毛
  - ミックス：赤茶（220）………4g
  - こげ茶（208）………10g
  - ソリッド：白（1）…………少量
  - うすピンク（36）……少量
- ソリッドアイ 4mm …………2個

[できあがりサイズ
全長 約13cm・高さ 約7.5cm]

作り方順序

① 各パーツを作る（P.34参照）
　（頭・胴体・耳2個・前足2個・後ろ足2個・しっぽ）
② 胴体に前足をつける（P.35参照）
③ 胴体の太もも部分にこげ茶を足し、ふっくらさせる
④ 後ろ足をつける（P.35参照）
⑤ 胴体に頭をつける（P.35参照）
⑥ 背中に赤茶を刺す
⑦ 顔を作る
⑧ しっぽを作り、胴体のおしりにつける（P.37参照）
⑨ ツメを作る

実物大パーツ

☐ … 他のパーツと接合するために、羊毛を固めず、余分にふわふわさせておく部分

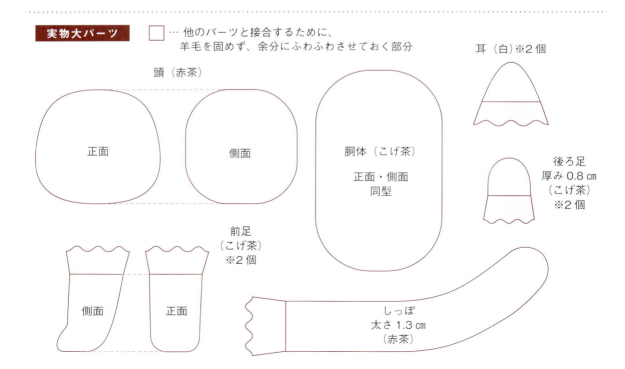

P.25 カメレオン

材料

- アクレーヌ：みどり（107）………6g
  　　　　　黄色（105）………少量
  　　　　　茶色（120）………少量

- ソリッドアイ　3㎜　………2個

できあがりサイズ
全長　約8㎝・高さ　約5.5㎝

作り方順序

① 各パーツを作る（P.34 参照）
　（頭・胴体・とさか・足4個・ゆび8個・しっぽ）
② 胴体に頭をつける
③ 足先にゆびをつける
④ 胴体に足をつける
⑤ 頭にとさかをつける（P.35 参照）
⑥ 顔を作る
⑦ しっぽを胴体のおしりにつける（P.35 参照）
⑧ 背中心・とさか・目の上・足の関節部分に黄色を刺す

実物大パーツ　※すべてみどりのアクレーヌ　□…他のパーツと接合するために、羊毛を固めず、余分にふわふわさせておく部分

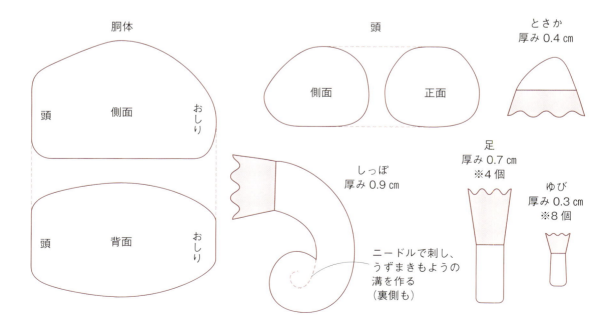

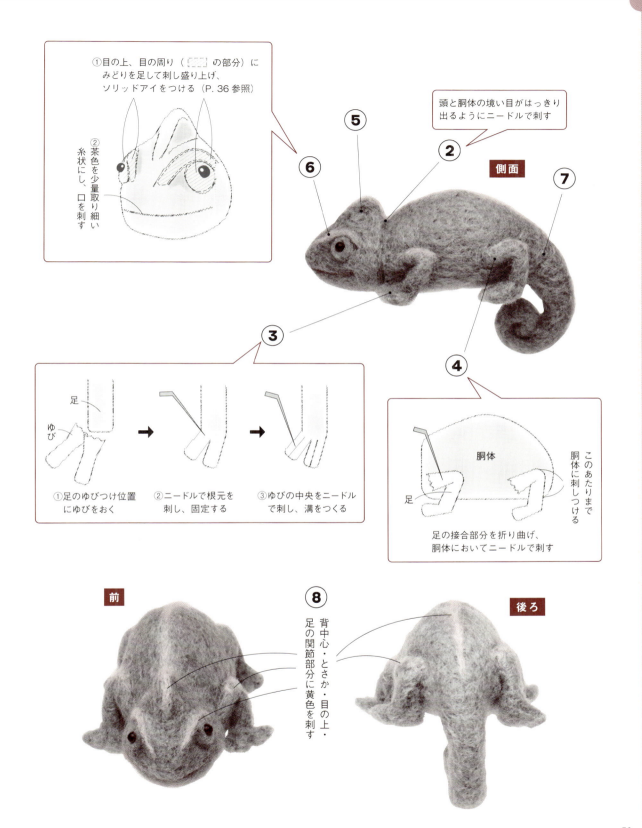

73

P.26 ワオキツネザル

材料

- フェルト羊毛
  - ナチュラルブレンド：グレー（805）…… 13g
  - 　　　　　　　　　　白（801）………… 2g
  - ソリッド：濃グレー（55）………………… 少量
  - ミックス：アイボリーブラック（209）… 1g
- クリスタルアイ（ゴールド） 4.5㎜ ……… 2個
- テクノロート（L） ………………………… 14.5㎝

> できあがりサイズ
> 横幅 約8㎝・高さ 約11㎝

作り方順序

1. 各パーツを作る（P.34 参照）
   （頭・胴体・前足2個・耳2個・ゆび16個・しっぽ）
2. 胴体に前足をつける（P.35 参照）
3. 前足の先にゆびをつける
4. 胴体に後ろ足を作る
5. 胴体に頭をつける（P.35 参照）
6. 顔、胸〜腹部にかけて白を刺す
7. 頭に耳をつける
8. 顔を作る
9. しっぽを作り、胴体のおしりにつける（P.37 参照）

実物大パーツ

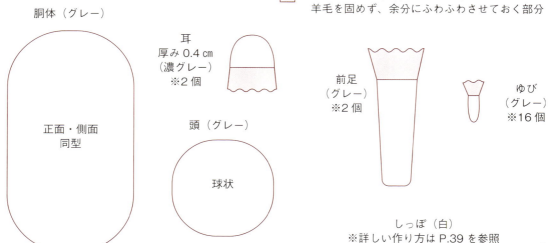

… 他のパーツと接合するために、羊毛を固めず、余分にふわふわさせておく部分

胴体（グレー） 正面・側面 同型

耳 厚み0.4㎝ （濃グレー） ※2個

頭（グレー） 球状

前足（グレー） ※2個

ゆび（グレー） ※16個

しっぽ（白） ※詳しい作り方はP.39を参照

テクノロート（1本） 1㎝ 0.9㎝

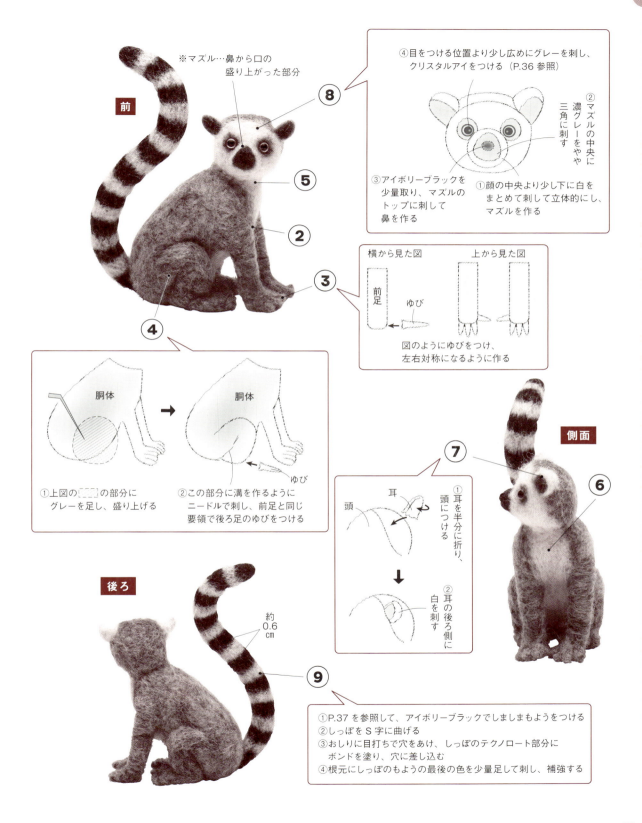

P.27 オオハシ

材料

- アクレーヌ：黒（112） ……………8g
  - 白（101） ……………少量
  - 黄色（106） ……………少量
  - オレンジ（116） ………少量
  - 赤（104） ……………少量
  - 青（119） ……………少量
  - グレー（254） ………少量
- ソリッドアイ 2.5mm ………………… 2個
- フラワー用ワイヤー（こげ茶 #22）…… 8cm 4本
- フローラテープ（こげ茶）……………… 適宜

[できあがりサイズ
全長 約12cm・高さ 約8cm]

作り方順序

① 各パーツを作る（P.34 参照）
　（胴体・くちばし・尾羽）
② 胴体にくちばしをつける（P.35 参照）
③ 胸から目の部分に白を刺す
④ 胴体に尾羽をつける（P.35 参照）
⑤ くちばしにもようをつけ、顔に目をつける
⑥ 尾羽の部分に模様を刺す
⑦ 左右の羽を作る
⑧ 足を作り、胴体につける（P.38 参照）

実物大パーツ

□ … 他のパーツと接合するために、羊毛を固めず、余分にふわふわさせておく部分

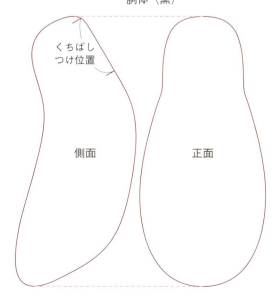

胴体（黒）
くちばしつけ位置
側面　正面

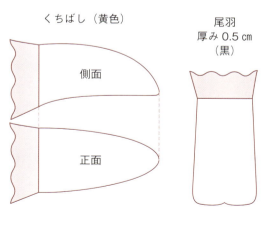

くちばし（黄色）
側面
正面

尾羽
厚み 0.5cm
（黒）

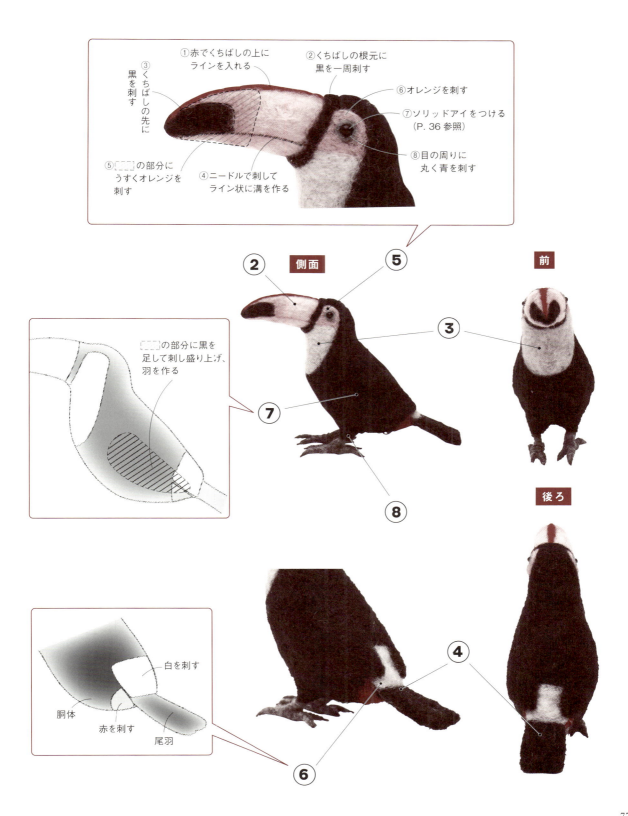

P.29 | クリオネ

材料 ※材料は1個分

- アクレーヌ：白（101） ……………………………… 1g
  - 赤（104） ……………………………… 少量
  - オレンジ（116）（写真右のみ）……………… 少量

作り方順序

① 各パーツを作る（P.34参照）
　（頭・胴体・ヒレ2個・触覚2個）
② 胴体に頭・ヒレをつける（P.35参照）
③ 頭に触覚をつける
④ 胴体にもようを刺す

できあがりサイズ
横幅 約4.5cm・高さ 約5.5cm

実物大パーツ ※すべて白のアクレーヌ

□ … 他のパーツと接合するために、羊毛を固めず、余分にふわふわさせておく部分

ヒレ　厚み0.4cm　※2個

頭　厚み1.2cm

胴体　厚み1.2cm

触覚　※2個

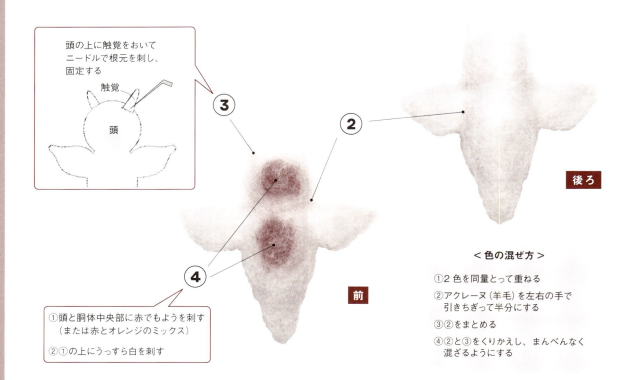

頭の上に触覚をおいてニードルで根元を刺し、固定する

③

② 後ろ

④
① 頭と胴体中央部に赤でもようを刺す（または赤とオレンジのミックス）
② ①の上にうっすら白を刺す

前

<色の混ぜ方>
① 2色を同量とって重ねる
② アクレーヌ（羊毛）を左右の手で引きちぎって半分にする
③ ②をまとめる
④ ②と③をくりかえし、まんべんなく混ざるようにする

P.30 | # ウミウシ

材料

<シンデレラウミウシ>
・フェルト羊毛
　ソリッド：青紫（57）……………3g
　　　　　　白（1）……………少量
　　　　　　濃ピンク（56）………少量
　　　　　　オレンジ（5）………少量

<イチゴミルクウミウシ>
・フェルト羊毛
　ナチュラルブレンド：桃色（833）…………3g
　ソリッド：白（1）……………少量
　　　　　　濃ピンク（56）……少量
　　　　　　朱色（16）…………少量
　　　　　　淡ピンク（22）……少量

[できあがりサイズ
全長 約4.5cm・高さ 約3.5cm]

実物大パーツ

胴体（青紫／桃色）

上面

側面

□ … 他のパーツと接合するために、羊毛を固めず、余分にふわふわさせておく部分

※ ■色の文字はイチゴミルクウミウシ

触覚
厚み 0.3cm
（オレンジ／白）
※8個

※イチゴミルクウミウシは先端に朱色を刺す

作り方順序

① 各パーツを作る（P.34参照）
（胴体・触覚8個）
② 胴体に触覚をつける
③ 胴体にもようを刺す

触覚
①6本を束ねて根元をニードルで刺しまとめ、おしり側につける
②残り2本を頭側につける
③根元に濃ピンクを刺す

側面 <シンデレラウミウシ>　　<イチゴミルクウミウシ>

② ③

前

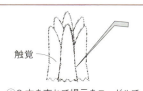

<シンデレラウミウシ>
0.5cm　0.3cm
側面中央に、白を帯状に刺す

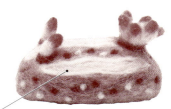
<イチゴミルクウミウシ>
①淡ピンクを図のように刺す
②白を少量取り細い糸状にして刺し、①の周りを縁取る
上から見た図
③濃ピンクと白で交互に斑点もようを刺す
（側面も写真を見ながら同様に刺す）

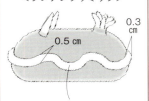
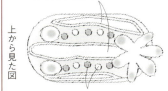

須佐沙知子　Susa Sachiko

ぬいぐるみメーカーのデザイナーを経て手芸作家に。書籍や雑誌などで作品を発表するとともに、手芸メーカーのキットデザインも手がけ、羊毛フェルト教室の講師もつとめている。あたたかみや優しさの感じられるデザインに定評があり、特に愛くるしい表情のどうぶつの作品にファンが多い。著書に、「羊毛フェルトの愛らしい小鳥」誠文堂新光社「フェルト羊毛でつくる和のこもの」朝日新聞出版など多数。
(http://www.susa3203.com)

ニードルフェルトで作る
不思議などうぶつ

2019年9月20日発行

著者	須佐沙知子
発行者	穂谷竹俊
発行所	株式会社日東書院本社
	〒160-0022
	東京都新宿区新宿2丁目15番14号辰巳ビル
	TEL 03-5360-7522（代表）
	FAX 03-5360-8951（販売部）
	振替 00180-0-705733
	URL http://www.tg-net.co.jp/
印刷所	三共グラフィック株式会社
製本所	株式会社セイコーバインダリー

本書の無断複写複製（コピー）は、著作権法上での例外を除き、著作者、出版社の権利侵害となります。乱丁・落丁はお取り替えいたします。小社販売部までご連絡ください。

素材提供　ハマナカ株式会社
　　　　　http://www.hamanaka.co.jp
　　　　　京都市右京区花園藪ノ下町2番地の3
　　　　　TEL：075-463-5151（代表）
　　　　　FAX：075-463-5159
　　　　　メール：info@hamanaka.co.jp

スタッフ
企画・進行　　　鏑木香緒里
編集　　　　　　百日（http://100nichi.jp/）
撮影　　　　　　北村勇祐
ブック・デザイン　みうらしゅう子

【読者の皆様へ】
本書の内容に関するお問い合わせは、お手紙かメール（info@tg-net.co.jp）にて承ります。恐縮ですが、電話でのお問い合わせはご遠慮ください。

※本書に掲載している作品の複製・販売はご遠慮ください。

©Sachiko Susa 2019,Printed in Japan
ISBN 978-4-528-02261-4 C2077